Efi das Weihnachts-Einhorn

Eine zauberhafte Weihnachtsgeschichte
über Mut, Selbstvertrauen und innere Stärke
inkl. Einhorn-Malbuch zum Ausdrucken

Impressum
Deutschsprachige Erstausgabe 2022
Copyright © 2022 Nicole Steiner

Rechte vorbehalten. Nachdruck, auch auszugsweise, nicht gestattet. Das Werk, einschließlich seiner Teile, ist urheberrechtlich geschützt. Jede Verwertung ist ohne Zustimmung des Verlages und des Autors unzulässig. Dies gilt insbesondere für die elektronische oder sonstige Vervielfältigung, Übersetzung, Verbreitung und öffentliche Zugänglichmachung.

Nicole Steiner wird vertreten durch:
GARS Verlag
c/o Block Services Stuttgarter Str. 106
70736 Fellbach
E-Mail: info@gars-verlag.de
Covergestaltung und Satz: Wolkenart - Marie-Katharina Becker, www.wolkenart.com
Bildmaterial und Illustrationen: Shutterstock.com
Lektorat: Rieke Conzen
Korrektorat: Rieke Conzen
Herstellung und Verlag: GARS Verlag
1. Auflage
ISBN: 978-3-9824762-4-7
Verantwortlich für den Druck: Amazon Distribution GmbH, Leipzig

Dieses Buch gehört:

....

....

Inhaltsverzeichnis

Kapitel 1: Elis großer Traum 7

Kapitel 2: Antwort vom Weihnachtsmann 15

Kapitel 3: Drei Rätsel vom Weihnachtsmann 21

Kapitel 4: Ein eiskalter Wintertag 26

Kapitel 5: Der kleine Neuankömmling 33

Kapitel 6: Die Kugelbahn 39

Kapitel 7: Besuch vom Weihnachtsmann 45

Kapitel 8: Die große Schneeballschlacht 51

Kapitel 9: Ein Freund braucht Hilfe 57

Kapitel 10: Wünsche werden wahr 63

BONUS 69

Eine kleine Bitte 70

Kapitel 1

Efis großer Traum

Was für ein wunderschöner Morgen, die ersten Schneeflocken fallen vor dem Fenster herab und kündigen das Weihnachtsfest so langsam an. Das ist Efis liebste Zeit: Weihnachten, Plätzchen, die Düfte und vor allem, dass alle zusammen sein können. Die Erwachsenen müssen weniger arbeiten und die Kinder haben Ferien. Für Efi ist es aber noch viel mehr: Es bringt sie ihrem größten Traum ein Stück näher – sie möchte ein wahres Rentier für den Weihnachtsmann sein.

„Wäre ich doch nur endlich ein Rentier, dann könnte ich helfen, die ganzen Geschenke zu verteilen, und die Kinder würden mit strahlenden Augen ihre Überraschungen auspacken", denkt sich Efi.

Aber wie soll das nur gehen? Efi schaut in den Spiegel und betrachtet sich. Zwei kleine Ohren stehen schräg von ihrem Kopf ab. Große, braune Augen liegen darunter. Ihr Pony ist etwas länger geworden und hängt ihr leicht in die Stirn. Sie liebt es, ihn hochzupusten. Ihre Lippen sind rosig und ihre Wangen ebenso. Doch dann blickt Efi weiter herauf und seufzt. Ein rosa Horn steht stolz auf ihrer Stirn. Es ist wunderschön und glitzert. Eigentlich mag Efi es auch von ganzem Herzen, doch sie möchte ein Rentier werden und das kann sie unmöglich sein, wenn sie ein Einhorn ist. Oder?
Der Spruch ihrer Oma fällt ihr wieder ein: „Wer nichts probiert, wird nichts herausfinden."

Fest entschlossen, es zu versuchen, holt Efi sich ein hübsches Briefpapier mit einem der schönen Weihnachtsbriefumschläge und beginnt, einen Brief an den Weihnachtsmann zu schreiben.

Lieber Weihnachtsmann,

mein Name ist Efi und ich habe einen einzigen Weihnachtswunsch an dich. Ich möchte gerne ein Rentier in deiner Gruppe sein und dabei helfen, die Geschenke an die Kinder zu verteilen. Ich weiß wirklich alles über dich und die Rentiere und träume schon so lange davon.

Zuletzt habe ich gelesen, dass du deinen Namen von Nikolaus, dem Bischof von Myra, hast, der früher in der Türkei lebte. Er half ebenfalls vielen Menschen und bewahrte sie vor großem Unheil. So wie du sorgte der Nikolaus für etwas Frieden auf der Welt. Und natürlich weiß ich auch alles über die Rentiere. Sie heißen Dasher, Dancer, Prancer, Vixen, Comet, Cupid, Donner,

Blitzen und Rudolph. Sie lieben Gräser, Blumen, Blätter, Moos und Pilze. Ich habe mir ganz viele Bücher durchgelesen und alles gelernt. Ein Rentierbaby lernt in eineinhalb Stunden, wie es laufen und schwimmen kann, damit es mit der Herde mithalten kann. Rentiere können nicht nur superweit laufen, sondern auch schwimmen und natürlich den Weihnachtsschlitten ziehen. In jedem Herbst werfen die Rentiermännchen ihr Geweih ab, die Weibchen hingegen erst im Frühjahr. Das Geweih wächst dann größer und stärker nach.

Lieber Weihnachtsmann, ich weiß einfach alles über euch. Mein größter Wunsch ist es, mit dir und deinen Rentieren die Geschenke zu verteilen. Bitte lass meinen Wunsch wahr werden und gib mir die Chance, es zu versuchen.

Deine Efi

Efi steckt den Brief in den Briefumschlag und klebt ihn zu. Sie ist aufgeregt und auch etwas unsicher, ob der Weihnachtsmann wirklich antworten wird. Bestimmt bekommt er jeden Tag so viele Briefe, dass er gar keine Zeit hat, jeden zu lesen. Efi eilt zum Briefkasten im Dorf, auf dem Weg trifft sie ihre Oma.

„Efi, Liebes, wohin so schnell?", fragt Oma.
„Hallo Oma Trudi, ich bringe einen Brief für den Weihnachtsmann weg", ruft Efi.
„Deinen Wunschzettel?"
„Nein, Oma, ich habe dieses Jahr nur einen Wunsch. Ich möchte ein Rentier werden."
Oma macht große Augen. „Ein Rentier?"
„Ja, Oma. Ich möchte helfen, den Schlitten zu ziehen, mit den Schneeflocken um die Wette fliegen und den Kindern ihre Geschenke bringen", verrät Efi.
„Das ist ein großer Wunsch, junge Dame", erklärt Oma und lächelt sie an. „Denke immer daran, Efi: Wo ein Wille ist, ist auch ein Weg. Und jetzt beeil dich, die Post wird gleich geleert."
Oma deutet mit ihrem Krückstock auf den großen Briefkasten.
„Danke, Oma", ruft Efi und eilt davon.

Sie bleibt vor dem Briefkasten stehen und drückt sich den Brief noch einmal an die Brust, um ihn mit aller Liebe und Hoffnung zu füllen. Dann hebt sie den Briefkastendeckel an und streckt vorsichtig ihre Hand aus. Ihre Fingerspitzen lassen den Briefumschlag los und er gleitet hinein. Efi schnuppert in den Briefkasten hinein und der Geruch von ganz viel Papier und Tinte steigt ihr in die Nase. Sie mag diesen Duft, er riecht wie ein neues Buch. Gut gelaunt geht Efi nach Hause und beschließt, ein paar Plätzchen zu backen. Vor allem die mit Schokostücken und Mandeln mag Efi gerne. Ihre Oma backt sie immer nach einem alten Geheimrezept mit Hafer.

Sie wird Oma mit ihren Plätzchen überraschen und ein paar tauschen. Fröhlich beginnt Efi eifrig zu backen.

Ich glaube fest an meine Träume.

Antwort vom Weihnachtsmann

Irgendetwas kitzelt Efi in der Nase und sie öffnet müde die Augen. Sie schaut zum Fenster und sieht erstaunt, wie der Schnee in der Sonne glitzert. Das wird ein wundervoller Tag! Schnell steht Efi auf und geht ins Badezimmer. Danach zieht sie sich an und holt ihre Handschuhe und ihre Wintermütze hervor. Sie ist pink, hat eine große Bommel und Efi hat sie besonders gerne.

„Guten Morgen, Efi", begrüßt ihre Mutter sie.

„Guten Morgen, Mama."
„Wo gehst du denn so früh hin?"
„Die Sonne scheint und spielt mit dem Schnee. Ich möchte die Sonnenstrahlen auf meiner Haut spüren und mit den Schneeflocken tanzen", ruft Efi.
„Aber dein Frühstück", ruft ihre Mutter hinter ihr her.
„Gleich, Mama."

Efi hört das Lachen ihrer Mutter und öffnet die Tür. Oh, wie wundervoll der Schnee aussieht! Die sanften Sonnenstrahlen begrüßen Efi und erwärmen ihr Gesicht. Sie schließt die Augen und genießt das Gefühl, dann dreht sie sich ganz schnell im Kreis und sieht erfreut dabei zu, wie die einzelnen Schneeflocken in die Luft steigen und um sie herumwirbeln. Sie glitzern im Sonnenlicht und schweben zu Boden. Efi hört ein Geräusch und sieht auf. Draußen vor dem Hoftor nähert sich Paul in seiner blauen Uniform, seine Mütze hängt tief in seiner Stirn.

„Hallo Paul, hast du Post für mich?", fragt Efi aufgeregt und rennt zu ihm.

Oje! Efi rutscht aus und rudert mit ihren Beinen, um wieder Halt zu finden, aber der Boden ist zu rutschig. Mit einem lauten Plumps landet Efi im Schnee, ihre Mähne hängt ihr vor den Augen. Sie schnauft, um die Haare wegzupusten, und sieht zu Paul herauf, der sie lächelnd ansieht.

„Guten Morgen, Efi, der Schnee ist glatt geworden. Durch die leichten Sonnenstrahlen schmilzt er etwas und weil der Boden zu kalt ist, gefriert er direkt wieder", erklärt Paul.
„Wie Eis", ergänzt Efi. Paul stimmt ihr nickend zu.

Beide lachen und Paul sucht in seiner großen Umhängetasche nach der Post. Er hält Efi vier Briefe hin. Eilig steht Efi auf und nimmt die Post entgegen. Sie schaut die Briefe durch und ist etwas enttäuscht, denn alle Briefe sind für ihre Eltern.

„Hast du auf etwas Bestimmtes gewartet?", fragt Paul, der ihr trauriges Gesicht sieht.
„Ich habe dem Weihnachtsmann geschrieben", erklärt Efi.
Paul lacht und greift in seine Tasche.
„Das habe ich ja fast vergessen, dieser Brief hier kam auch an und er ist bestimmt für dich."

Efi bekommt ganz große Augen. Paul hat einen bunten Briefumschlag in der Hand. An der Vorderseite ist eine Zuckerstange befestigt und ihr Name steht darauf.

„Danke, Paul", ruft Efi und eilt mit den Briefen herein.
„Mama, die Post ist da", ruft Efi und gibt ihrer Mutter die Briefe, nur den Brief vom Weihnachtsmann nicht. Diesen nimmt sie sich mit zu ihrem Frühstück.
„Oh, hast du auch Post bekommen?", fragt ihre Mutter und setzt sich zu ihr.
„Vom Weihnachtsmann", haucht Efi und ihre Augen strahlen.
„Willst du ihn nicht aufmachen?"
„Doch, aber erst nach dem Essen."

Efi ist zu nervös, um den Brief sofort zu öffnen. Als sie mit dem Frühstück fertig ist, hilft sie ihrer Mutter, den Tisch abzuräumen, und eilt auf ihr Zimmer. Sie setzt sich an ihren Schreibtisch und betrachtet den Briefumschlag in ihren Händen. Aufgeregt öffnet sie den Klebestreifen oben am Umschlag und zieht den Brief hervor.

Hallo Efi,

es freut mich sehr, dass du schon so viel über mich und die Rentiere weißt. Du scheinst ein sehr schlaues Einhorn zu sein und ich würde mich freuen, dich persönlich kennenzulernen. Unsere Rentiere tun sehr viel mehr, als nur Geschenke zu verteilen und den Schlitten zu ziehen. Sie unterstützen mich beim Lösen von Aufgaben und übernehmen viel Verantwortung. Sie haben Köpfchen und das Herz am rechten Fleck. Ich bin überzeugt, dass du das auch kannst. Im Umschlag findest du zunächst drei kleine Rätsel, die es zu lösen gilt. Ich freue mich auf deine Antworten und bin gespannt, ob du die Lösungen kennst.

Weihnachtsmann

Efi schaut aufgeregt in den Umschlag und findet drei kleinere Briefumschläge darin, in jedem steckt wohl ein Rätsel. Ihr war nicht bewusst, dass die Rentiere noch so viel mehr können müssen. Ehrfürchtig schaut sie auf den Brief. Sie ist so aufgeregt, dass sie vor Freude laut quietscht. Efi nimmt sich ihren Schal und ihre Mütze und zusammen mit der Zuckerstange und den Rätseln geht sie hinaus. Sie möchte zu ihrem Lieblingsplatz, um in Ruhe über die Aufgaben nachzudenken. Sie sagt schnell ihrer Mutter Bescheid und spaziert hinter dem Haus bis zu der kleinen roten Bank auf dem Berg. Von hier aus kann sie über das gesamte Dorf sehen und es fühlt sich fast an, als könnte sie schon darüber fliegen, um den Schlitten vom Weihnachtsmann zu ziehen.

Ich kann alles schaffen.

Drei Rätsel vom Weihnachtsmann

Aufgeregt nimmt Efi den ersten Briefumschlag und betrachtet ihn. Er ist grün und mit einem Kleeblatt verziert. Vielleicht hat es etwas mit Glück zu tun? Efi öffnet ihn vorsichtig und liest die Zeilen:

Ich habe viele Blätter, doch ich bin kein Baum.
Wenn du mich aufmachst, findest du viele Wörter und Bilder zum Schauen.
Was bin ich?

Oje! Efi überlegt fieberhaft. Was hat Blätter? Ein Baum, aber dort steht, es ist kein Baum. Eine Blume vielleicht? Aber eine Blume hat keine Bilder und Wörter. Efi denkt angestrengt nach und versucht herauszufinden, was es sein kann. Vielleicht findet sie die Antwort in einem ihrer Bücher? Efi lacht laut auf und schüttelt den Kopf. Das ist es! Es ist ein Buch. Es hat Blätter, Wörter und Bilder. Erfreut schleckt Efi an der Zuckerstange und nimmt den nächsten Briefumschlag heraus. Er ist gelb und eine kleine Spirale ist darauf. Sie zieht den Zettel heraus und liest:

Ich bin nicht groß, ich bin wirklich klein.
Ich werde niemals stark sein.
Trotzdem muss ich mein Haus tragen.

Efi überlegt. Nicht groß, vielleicht eine Ameise? Aber die tragen ja kein Haus. Sie überlegt weiter. Vielleicht ist es ein Käfer? Nein, der trägt ja einen Panzer. Sie seufzt und denkt weiter nach. Vielleicht ein Vogel? Nein, der hat auch kein Haus. Wer trägt sein Haus mit sich und ist klein? Ihr Blick wandert über das Dorf und über den Baum hinter der Bank. Unter ihm ist ganz viel Laub zu sehen, es funkelt bunt im Sonnenlicht. Dazwischen entdeckt Efi etwas und grinst. Sie ist klein und nicht stark und dennoch trägt sie ihr Haus – eine Schnecke!

Efi schleckt erneut an der Zuckerstange, sie liebt alles, was süß ist. Sie holt tief Luft und nimmt den nächsten Umschlag heraus. Er ist blau und zeigt ein kleines Gesicht. Es lächelt Efi entgegen. Sie öffnet den Briefumschlag und zieht den Zettel hervor. Sie faltet ihn auseinander und schaut auf die Worte.

Ich gehöre nur dir, aber alle anderen benutzen mich öfter als du selbst. Was bin ich?

Sie liest die Worte dreimal und versucht herauszufinden, was gemeint ist. Was gehört mir und wird von anderen öfter benutzt als von mir selbst? Vielleicht meine Tasse? Nein, die kann es nicht sein, die anderen haben eigene Tassen. Mein Stuhl, denkt Efi, doch dann schüttelt sie den Kopf, nein, Mama und Papa haben einen eigenen Stuhl. Sie schaut sich erneut um, doch diesmal sieht sie einfach nichts, was dazu passen könnte. Sie schleckt an der Zuckerstange und überlegt weiter.

„Hallo Efi", ruft Oma vom Weg her.
„Hallo Oma, wo gehst du hin?", ruft Efi zurück und winkt.
„Zu deiner Mutter, ich bringe Kuchen."
„Ich komme bald", verspricht Efi und wartet, bis Oma weg ist.
Sie überlegt weiter und hört Schritte.
„Hallo Efi, was machst du denn da?", erklingt die Stimme von Paul, dem Postboten, der auf dem Rückweg ist.
„Ich lese meinen Brief", antwortet Efi.
„Dann ganz viel Spaß, ich mache jetzt Feierabend."
Paul winkt ihr und sie winkt zurück.
„Es ist meins, aber andere benutzten es öfter als ich, was soll das nur sein?" Efi versinkt erneut in Gedanken, als ihre Mutter sie ruft.
„Efi!"
„Ja, Mama?"
„Komm, es gibt leckeren Apfelkuchen, den magst du doch so gerne", ruft ihre Mutter ihr zu.

„Vielleicht ist es der Apfelkuchen?", murmelt Efi leise vor sich hin.

Nein, der kann es auch nicht sein, den teilen sie immer und er gehört ja auch nicht ihr. Sie versinkt wieder in Gedanken, bis ihre Mutter sie erneut ruft.

„Efi, kommst du bitte?"

Efi steht auf, steckt die Briefe in ihre Tasche und spaziert los. Wie soll man nachdenken, wenn man ständig gerufen wird? Plötzlich bleibt sie stehen. Das ist es! Er gehört mir, aber andere benutzen ihn öfter als ich selbst. Mein Name! Efi ist so glücklich, dass sie die letzten Meter zum Haus heruntereilt. Auf dem Hof wird sie langsamer, denn das Eis ist ja noch gefroren und rutschig. Als Efi die Haustür öffnet, kann sie schon den leckeren Apfelkuchen riechen und das Wasser läuft ihr im Mund zusammen. Sie eilt ins Badezimmer, wäscht ihre Hände und geht zu Oma und ihrer Mutter an den Tisch.

„Was stand in dem Brief?", fragt ihre Mutter und reicht ihr ein Stück Kuchen.
„Der Weihnachtsmann hat mir drei Rätsel aufgegeben", sagt Efi stolz. Sie zeigt den beiden die Rätsel und erklärt ihnen die Lösungen. Beide staunen darüber, wie schlau Efi ist.

Ich bin schlau.

Ein eiskalter Wintertag

Efi hat dem Weihnachtsmann zurückgeschrieben und wartet nun auf seine Antwort. Sie ist aufgeregt und hofft, dass ihre Lösungen richtig sind. Sie sitzt in ihrem Zimmer und schaut aus dem Fenster, es hat erneut begonnen zu schneien. Ihre Freunde sind bestimmt draußen, um einen Schneemann zu bauen. Efi beschließt, auch hinauszugehen. Zusammen zu spielen macht Spaß und hilft, die Wartezeit zu verkürzen. Oma sagt immer: „Wenn man etwas macht, was Freude bereitet, vergeht die Zeit schneller."

Natürlich vergeht die Zeit nicht wirklich schneller, doch es lenkt ab und dadurch denkt man nicht so viel nach. So kommt es einem vor, als wäre die Zeit schneller vorbeigegangen.

Efi sagt ihrer Mutter Bescheid und läuft in den Flur. Sie schaut sich ihre Wintersachen an. Die dicke Wintermütze hängt neben ihrer dünnen Herbstmütze, diese ist viel bunter und Efi mag sie gerne. Sie entscheidet sich dazu, die Herbstmütze anzuziehen und die Wintermütze dort hängen zu lassen. Dann schaut sie zu ihrem Schal. Der Winterschal ist schön dick und warm, aber der dünne Herbstschal glitzert so toll mit den Blumen. Efi entscheidet sich zu glitzern und ergreift den Herbstschal. Ihre Mutter kommt vorbei.

„Oh, Efi, das sieht wunderschön aus, aber es könnte etwas kalt sein. Möchtest du nicht lieber die dicken Wintersachen anziehen?"
Efi schüttelt den Kopf.
„Nein, diese hier."
„Es ist deine Entscheidung, mein Schatz, aber es könnte sehr kalt werden", erklärt ihre Mutter. Efi bleibt dabei und lässt ihre schönen Herbstsachen an.

Als sie draußen ist, hört sie bereits die anderen Kinder spielen und sie eilt zu ihnen.

„Hallo Efi, wir bauen einen Schneemann, möchtest du mitmachen?"
„Ja, sehr gerne."
Efi beginnt, eine kleine Kugel Schnee zu formen, und rollt sie über den Boden, damit der dicke Schnee daran haftet und die Kugel immer weiter wächst.

Ihre Finger sind ganz kalt und auch ihre Füße frieren, der Schal ist so dünn, dass sich der Stoff mit dem Schnee vollgesogen hat. So langsam wird auch ihre Mütze immer feuchter, der leichte Baumwollstoff ist doch nicht für den Schnee geeignet. Efi friert, aber sie möchte auch nicht nach Hause, es macht so viel Spaß zu spielen. Sie bringen drei Kugeln auf eine flache Stelle im Schnee und setzen sie aufeinander. Lisa hat kleine Kohlebrocken dabei, diese werden als Knöpfe in die Schneekugeln gesteckt. Elias hat einen Topf als Hut für den Schneemann. Efi sieht sich um und findet zwei Äste, die wie Arme aussehen. Sie steckt sie seitlich hinein.

„Nun fehlt aber noch sein Gesicht", ruft Carlos und die anderen nicken zustimmend.
„Ich habe noch eine Karotte in meinem Rucksack", ruft Lisa und steckt sie als Nase in die kleinste Schneekugel.
„Hier sind kleine Kieselsteine, aus denen wir einen Mund machen können, und zwei Nüsse als Augen", ruft Efi und bringt sie zu den anderen.
„Was machen wir jetzt noch? Sollen wir eine Schneeballschlacht machen?", fragt Lisa in die Runde.
Die anderen stimmen begeistert zu, doch Efi zittert bereits vor Kälte und ihre Nase läuft leicht.

„Ich gehe nach Hause, ich habe mich wohl für die falsche Kleidung entschieden. Mir ist so kalt."

„Deine Klamotten sind ja ganz nass", sagt Carlos und deutet auf Efis nasse Mütze und den Schal.

Sie wünschen Efi noch einen schönen Tag und eilen los.

Efi geht nach Hause und ist froh, als sie endlich die warme Wohnung betritt. Ihre Mutter wartet bereits auf sie und hat ihr ein Handtuch hingelegt.

„Da bist du ja wieder, ich mache dir schnell einen Tee", ruft ihre Mutter, während Efi sich auszieht und abtrocknet.

Sie zieht sich um und geht ins Wohnzimmer, wo Plätzchen und Tee sowie eine warme Decke auf sie warten.

„Seid ihr fertig mit Spielen?", fragt ihre Mutter.

„Wir haben einen Schneemann gebaut. Die anderen machen noch eine Schneeballschlacht, aber ich habe so gefroren", antwortet Efi.

Ihre Mutter sieht sie freundlich an.

„Warum hast du denn so gefroren?"

„Ich habe mich wohl für die falsche Kleidung entschieden", schnieft Efi und Mama nimmt sie in den Arm.

„Es ist nicht schlimm, eine falsche Entscheidung zu treffen, solange du daraus lernst und beim nächsten Mal deine Entscheidung besser durchdenkst", erklärt sie leise und drückt ihr einen Kuss auf die kalte Nasenspitze.

„Hast du auch schon falsche Entscheidungen getroffen?", möchte Efi wissen und ihre Mutter lacht.
„Schon sehr oft, aber nur so lernen wir, es beim nächsten Mal besser zu machen."

Mama holt den Teller mit den Plätzchen auf die Couch und sie kuscheln sich zusammen unter die Decke und essen sie, während Efi sich aufwärmt.

Ich darf Fehler machen.

Der kleine Neuankömmling

Efi wartet aufgeregt auf Paul, vielleicht hat der Weihnachtsmann schon eine Antwort gesendet. Sie sitzt vor dem Fenster und schaut hinaus. Plötzlich erscheint eine glitzernde Kugel, sie schwebt auf die Haustür zu und Efi hält gespannt die Luft an. Sie reibt sich ihre Augen und als sie wieder hinsieht, steht dort ein Päckchen. Es ist bunt eingepackt und mit einer großen roten Schleife dekoriert. Efi rennt zur Haustür, öffnet sie und schaut auf das Päckchen herunter. Es sieht aus wie ein Geschenk, das bunte Papier glänzt und funkelt, an den Seiten sind kleine

Löcher. Ob sie hineinsehen sollte? Sie hebt es hoch und wundert sich, wie schwer es ist. Efi entdeckt eine Karte.

Hallo Efi,

ich freue mich, dass du alle Lösungen gefunden hast. Bei uns ist es zurzeit etwas hektisch, wir müssen viele Spielzeuge für Weihnachten anfertigen. Wir haben einen kleinen Besucher am Nordpol gefunden und ich dachte, du könntest dich vielleicht um ihn kümmern, bis ich Zeit habe, ihn nach Hause zu bringen?

Weihnachtsmann

Efi freut sich, weil sie alle Antworten richtig hatte, und öffnet vorsichtig das Päckchen. Ein Besucher? Was kann das nur sein?

Efi öffnet die Kiste und sieht hinein. Ihre Augen werden riesengroß. In dem Päckchen befindet sich ganz viel Stroh und in der Mitte sitzt ein süßer kleiner Hase. Er hat wunderschöne dunkle Augen und ganz weißes Fell, fast wie der Schnee draußen. Sie nimmt ihn heraus und streichelt ihn sanft am Rücken.

„Was ist denn das?", fragt ihre Mutter.

Efi dreht sich herum, sie hat vor Aufregung nicht mitbekommen, wie ihre Mutter zu ihr gekommen ist.

„Der Weihnachtsmann hat ihn geschickt und gefragt, ob ich mich um ihn kümmern kann, solange er so viel Arbeit mit den Geschenken hat", antwortet Efi.

„Der ist ja süß", sagt ihre Mutter und schaut sich um.

„Können wir uns um ihn kümmern?", fragt Efi.

„Ich habe leider wenig Zeit", erklärt ihre Mutter.

„Aber ich habe viel Zeit, es sind doch Ferien", ruft Efi.

Ihre Mutter überlegt.

„Er braucht einen Käfig und Futter", sagt sie.

„Oma hat doch noch einen Käfig von deinem alten Kaninchen", antwortet Efi. „Und Futter können wir kaufen, ich habe mein Taschengeld gespart."

„Und wer macht den Käfig sauber? Du brauchst Streu, einen Futternapf, einen Wassernapf oder eine Wasserflasche und Leckerchen zum Knabbern", erklärt ihre Mutter.

Efi überlegt.

„Das kann man alles kaufen", ruft sie begeistert.

„Ja, das kann man, aber das Häschen möchte auch gekuschelt werden und dafür braucht man Zeit, die kann man nicht kaufen", flüstert ihre Mutter leise, um den Hasen nicht zu erschrecken, und streichelt ihn hinter den Ohren.

„Ich verspreche, mich gut um ihn zu kümmern", bittet Efi.

Ihr Vater kommt ins Wohnzimmer und schaut sprachlos auf den Hasen. Efi erklärt ihm alles und er nickt.

„Ein Haustier macht nicht nur Spaß, es bringt auch viel Arbeit mit sich. Man muss Verantwortung übernehmen können", sagt er.
„Was ist Verantwortung?", fragt Efi.
„Das bedeutet, dass du dich um das Wohl des Hasen kümmerst, denn er kann sich im Käfig nicht alleine mit Essen und Trinken versorgen. Er kann nicht selbst aufräumen oder sagen, was er möchte."

Efi macht große Augen, daran hat sie nicht gedacht, aber sie ist sich sicher, dass sie das kann. Sie hat es bei Mama und Papa gelernt, denn die beiden versorgen sie auch immer mit Essen und Trinken und passen auf sie auf.

„Das kann ich", sagt Efi überzeugend.

Zusammen gehen sie zu Oma und holen den alten Käfig ab, danach kaufen sie Streu, Futter, eine Trinkflasche und Karotten, Äpfel und Salat für den Hasen. Als sie wieder zu Hause sind, hilft Mama Efi beim Einräumen des Käfigs. Sie hat ein kleines Holzhaus in der Hand und stellt es hinein.

„Damit der Hase sich sicher fühlt. Normalerweise leben sie in einem Bau unter der Erde", erklärt sie.

Efi setzt den kleinen Hasen hinein. Sie gibt ihm Wasser und Futter und etwas von dem Salat sowie ein Stück Apfel. Der Hase frisst glücklich und trinkt etwas.

Am Abend stellt Efi ihren Wecker.

„Du hast doch Ferien", sagt ihr Vater und Efi kichert.

„Das mache ich, damit ich morgens früher wach bin und dem Hasen Futter und Wasser geben kann."

„Das ist eine tolle Idee, da wird er sich sehr freuen", antwortet ihr Vater und liest ihr eine Gute-Nacht-Geschichte vor. Efi schläft glücklich ein.

Ich vertraue mir selbst.

Kapitel 6

Die Kugelbahn

Efi schaut jeden Tag aufgeregt in den Briefkasten, doch der Weihnachtsmann hat sich noch nicht wieder gemeldet. Zusammen mit dem kleinen Hasen sitzt Efi in ihrem Zimmer und spielt mit ihrer Kugelbahn. Der Hase schaut interessiert dabei zu und knabbert an einer Karotte. Efi möchte es schaffen, dass alle drei Kugeln gleichzeitig im Ziel ankommen, obwohl sie unterschiedlich starten. Die Kugeln haben verschiedene Größen und auch nicht das gleiche Gewicht. Efi setzt zuerst die blaue Kugel auf die Kugelbahn, dann beeilt sie sich und legt die gelbe und die rote Kugel hinterher. Die Kugeln rollen los und Efi freut sich, es scheint zu funktionieren. Dann wird die gelbe Kugel zu schnell, stößt die blaue Kugel herunter und die rote Kugel rollt viel zu spät ins Ziel.

Es klopft an ihrer Zimmertür und ihr Vater steckt den Kopf herein.
„Hallo Papa, bist du von der Arbeit zurück?"
„Hallo Efi, so ist es. Was machst du Schönes?"
„Ich versuche schon den ganzen Morgen, meine Kugeln zusammen ins Ziel zu bekommen", antwortet Efi und ihr Vater kommt ins Zimmer hinein.
Er kniet sich neben Efi und schaut sich die Murmeln an.
„Hast du gesehen, dass deine Murmeln eine unterschiedliche Beschaffenheit haben?"
„Beschaffenheit?", fragt Efi erstaunt.
„Das bedeutet, ihre Größe, die Form und das Gewicht sowie die Lackierung unterscheiden sich etwas voneinander", erzählt ihr Papa und nimmt zwei der unterschiedlichen Kugeln in die Hand.
„Siehst du hier, die rote Kugel ist klein und leicht, die gelbe Kugel schwer und die blaue Kugel sehr groß. Je nach Gewicht oder Größe kann die Kugel unterschiedlich schnell sein."

Efi seufzt, das hat sie schon bemerkt.

„Aber was mache ich denn jetzt, Papa? Ich würde es so gerne schaffen." Efi sieht ihren Papa mit großen bettelnden Augen an. Er lacht und streicht ihr über die Mähne.

„Du musst herausfinden, in welcher Reihenfolge sie harmonieren, dann kommen sie alle zusammen ins Ziel. Es ist wie ein Tanz: Nur wenn alle Faktoren stimmen, gelingt es auch", antwortet er und erhebt sich.

Efi wartet, bis ihr Vater hinausgegangen ist, und dreht sich zu dem kleinen Hasen um.

„Kannst du dir vorstellen, wie lange das dauern wird?", fragt sie und rollt mit ihren Augen.
„Es gibt etliche Versuche und ich muss sie alle durchprobieren."

Efi schaut nachdenklich zu den Kugeln herüber, sie hat sich so darauf gefreut, es zu schaffen. Aber alle durchzuprobieren dauert sehr lange. Sie beschließt, es einfach ein paar Mal zu versuchen, vielleicht findet sie es auch schneller heraus.

Efi versucht es zuerst, indem sie alle Möglichkeiten mit der roten Kugel ganz vorn durchgeht, dann legt sie diese in die Mitte und zum Schluss ans Ende. Die anderen beiden Kugeln vertauscht sie bei jedem Durchgang. Nachdem alle Möglichkeiten mit der roten Kugel durchprobiert sind, seufzt Efi. Sie möchte es unbedingt schaffen und so beschließt sie, mit der gelben Kugel weiterzumachen. Es klopft an der Tür und Efi stellt erstaunt fest, dass es bereits abends ist. Müde reibt sie ihre Augen und steht auf, um die Tür zu öffnen.

„Hallo mein Schatz, es gibt Abendbrot", erklärt ihre Mutter.
Sie gehen ins Esszimmer zu Papa, der bereits am Tisch sitzt.
„Ich habe fast alles durchprobiert, nicht mehr lange und ich schaffe es wirklich", erklärt Efi stolz.

42

Die Zeit hat sich gelohnt, denn sie kommt der Lösung des Rätsels immer näher.

Ihre Mutter gibt ihr ein paar Karotten und Kartoffeln auf den Teller und ein Käsebrot. „Mama, hast du auch für Hase ein paar Karotten?", möchte Efi wissen und Mama nickt.

Sie bringt Efi einen kleinen Teller mit Karotten, Kartoffelschale und zwei Salatblättern. Efi freut sich und beginnt zu essen. Doch in ihren Gedanken ist sie schon längst wieder bei ihrer Kugelbahn. Sobald sie fertig ist mit dem Abendessen, hilft sie ihrer Mama dabei, den Tisch abzuräumen, und eilt ins Badezimmer. Efi zieht sich ihren Glücksschlafanzug an und bringt Hase sein Abendessen.

„Lass es dir schmecken, Hase", ruft Efi und rennt wieder zu ihrer Murmelbahn.

Sie atmet tief durch und schaut die Murmeln an. Sie hat den ganzen Tag damit verbracht, zu üben und zu probieren. Jetzt kann es nicht mehr lange dauern, bis es klappt. Mama und Papa kommen zum Gute-Nacht-Sagen und genau in dem Moment geschieht es: Alle drei Kugeln rollen unterschiedlich los und kommen zusammen ins Ziel. Efi kreischt vor Freude und springt hoch in die Luft und auch Mama und Papa freuen sich mit ihr. Die Mühe hat sich gelohnt.

Ich bin stolz auf mich.

Kapitel 7

Besuch vom Weihnachtsmann

Efi bringt dem Häschen das Frühstück, sie hat sich richtig an den kleinen Freund gewöhnt. Heute ist es wieder Zeit, seinen Käfig zu reinigen. Dann darf der Hase in ihrem Zimmer spielen. Efi hat ihm extra einen kleinen Ball und eine Kiste als Tor aufgestellt. Sie versucht ihm beizubringen, den Ball in das Tor zu schießen. Hase spielt jedoch lieber einfach nur mit ihrem Teppichboden und legt sich dorthin.

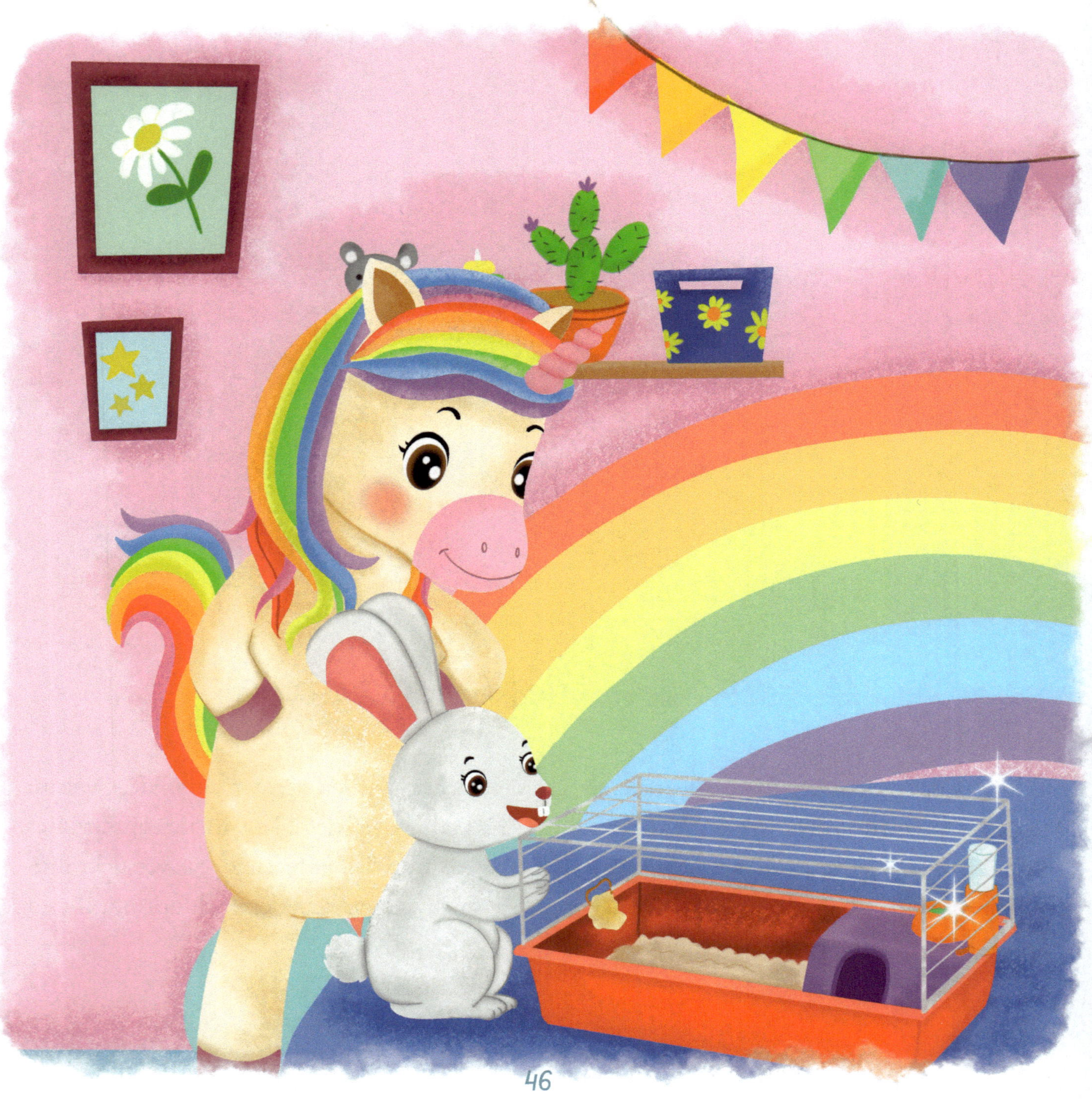

„Efi, hast du alles, was du brauchst?", fragt ihre Mutter und schaut sich um.
„Ja, Mama."
„Wenn du Hilfe brauchst, ruf mich", sagt ihre Mutter und geht ins Wohnzimmer.

Efi kann das mit dem Käfig schon fast allein, nur beim Heben in die Badewanne braucht sie Hilfe. Mit einer Mülltüte und einer Schippe beginnt Efi die Reinigung. Sie räumt alles aus dem Käfig heraus, auch die Einstreu, die kommt in die Tüte. Dann zieht Efi den Käfig zum Badezimmer und ruft Mama. Sie heben den Käfig in die Badewanne und Efi spült ihn gründlich mit Wasser aus.

Nachdem sie den Käfig abgetrocknet hat, füllt Efi das Unterteil mit neuer Einstreu, dem Häuschen, der Knabberstange, einem Salzstein, dem ebenfalls geputzten Futternapf und der frisch gefüllten Trinkflasche. Sie hat den Salat vergessen und eilt in die Küche, um ihn schnell zu holen, dann kann Hase in seinen Käfig zurück.

Mit dem Salat geht Efi zu ihrem Zimmer zurück und ist froh, dass der Käfig nun wieder sauber ist. Sonst muffelt es in ihrem Zimmer ganz schnell. Als Efi die Tür öffnet, schaut sie erstaunt in ihr Zimmer. Auf ihrem Bett sitzt der Weihnachtsmann mit einem kleinen Mann, ganz in Grün gekleidet, und der Weihnachtsmann hat Hase in seinem Arm.

„Oh", stößt Efi erstaunt aus und der Weihnachtsmann lächelt ihr zu.

Er hat ganz glänzende Augen, seine Nase ist leicht gerötet, ebenso wie seine Wangen. Sein weißer Rauschebart ist so lang, dass er bis zu seiner Brust reicht und die rote Weihnachtsmütze hat eine große glitzernde Bommel wie Efis Mütze.

„Hallo Efi, komm herein", bittet der Weihnachtsmann sie. „Vielen Dank. Du hast dich wundervoll um unseren kleinen Besucher gekümmert und damit gezeigt, dass du Verantwortung übernehmen kannst", erklärt der Weihnachtsmann.

Efi kann ihr Herz in der Brust schlagen fühlen, sie ist so aufgeregt. Der Weihnachtsmann ist in ihrem Zimmer! Sie blickt ihn an und er lächelt ihr zu.

„Werde ich jetzt ein Rentier?", platzt es aus Efi heraus und der Weihnachtsmann lacht.
„Nein, kleine Efi, dir fehlen noch ein paar klitzekleine Aufgaben, doch ich bin sicher, dass du sie lösen wirst."
„Aber ich habe doch bis auf die Rätsel keine Aufgaben mehr bekommen", sagt Efi.
„Das wahre Können zeigt sich in den Aufgaben des Alltäglichen", erklärt der Weihnachtsmann und Efi sieht ihn fragend an.
„Das verstehe ich nicht", sagt sie und der Weihnachtsmann klopft neben sich auf das Bett. Efi geht zu ihm und setzt sich, sie ist so aufgeregt.
„Ich habe dich beobachtet, kleine Efi. Dein Durchhaltevermögen bei der Kugelbahn hat sich ausgezahlt und du hast es geschafft. Du hast dich vorbildlich um den Hasen gekümmert

und aus deinen Entscheidungen gelernt, als du dich zu dünn angezogen hast. Das sind alles wichtige Eigenschaften eines Rentiers."

Efis Augen werden groß, ihr ist nicht aufgefallen, dass sie das alles schon kann. Stolz lächelt sie vor sich hin.

„Es sind nur noch zwei Kleinigkeiten, die dich zu einem richtigen Rentier machen", flüstert der Weihnachtsmann und zwinkert ihr zu. „Aber zuerst müssen wir entscheiden, was mit dem kleinen Hasen geschieht."
„Was soll mit ihm passieren?", fragt Efi und sieht zum Hasen herüber, sie mag ihn so sehr und kuschelt so gerne mit ihm.
„Ich habe nun Zeit, ihn nach Hause zu bringen", antwortet der Weihnachtsmann.
„Aber hier ist doch auch sein Zuhause", antwortet Efi.
Sie möchte nicht, dass der Hase geht.
„Du kannst entscheiden, Efi, aber wähle weise. Soll der Hase hierbleiben bei dir oder darf er seine Reise nach Hause antreten und wieder mit seiner Familie vereint sein?"

Efi überlegt. Wenn der Hase geht, kann sie nicht mehr mit ihm kuscheln. Sie überlegt weiter. Wenn er hierbleibt, sieht er seine Familie und Freunde nicht. Was würde sie gerne machen, wenn sie der Hase wäre? Efi seufzt und holt tief Luft, sie schaut zum Hasen herüber und streichelt über sein weiches Fell.

„Wenn ich der Hase wäre, würde ich meine Familie schrecklich vermissen. Mir wird er auch fehlen, aber ich lasse ihn zu seiner Familie gehen, damit er glücklich ist."
„Das ist eine wundervolle Entscheidung", erklärt der Weihnachtsmann.

Meine Meinung ist wichtig.

Kapitel 8

Die große Schneeballschlacht

Der kleine Hase ist mit dem Weihnachtsmann abgereist und dieser hat Efi versprochen, sich am Freitag mit der letzten kleinen Prüfung bei ihr zu melden. Efi überlegt, was sie in der Zeit bis Freitag machen kann. Es klingelt an der Haustür und kurz darauf ruft Efis Mutter nach ihr.

„Efi, Lisa ist hier, sie möchte dich zum Spielen abholen", ruft sie.
Efi freut sich und eilt herunter.

„Hallo Efi", begrüßt Lisa sie. „Wir möchten draußen eine Schneeballschlacht machen. Hast du Lust?"
„Ja, ich ziehe mich nur schnell an", antwortet Efi und läuft in den Flur zurück.

Sie zieht sich ihre Wintermütze an und legt sich den dicken Schal um den Hals. Das sollte sie warm halten.

„Da bin ich, wir können los", ruft Efi und hüpft zu Lisa in den Schnee.

Sie gehen zusammen auf die große Wiese neben der Bäckerei. Hier riecht es nicht nur gut, es gibt auch ganz viel Schnee und Platz. Die anderen sind auch schon da und haben bereits ein paar Schneebälle vorbereitet. Sie teilen sich in zwei Gruppen auf, in die Mädchen und die Jungs, und beginnen mit ihrem Spiel. Es macht sehr viel Spaß und Efi schafft es, Jonathan zu treffen. Dafür wird sie selbst von Emir abgeworfen. Lisa bekommt einen großen Schneeball von Hannes ins Gesicht und trifft aus Versehen Valerie. Sie machen eine kurze Pause und bauen sich neue Schneebälle. Lia und Matteo kommen dazu und fragen, ob sie mitspielen dürfen, die anderen freuen sich.

„Je mehr wir sind, umso mehr Spaß macht es", ruft Lisa und alle stimmen zu.

Die beiden beginnen ebenfalls, sich Schneebälle zu bauen, und als alle fertig sind, zählen sie gemeinsam bis drei und die wilde Schneeballschlacht beginnt von vorn.

Bäckerei

Efi versteckt sich hinter einem Baum und zielt, doch für das Werfen muss sie ihren Schutz verlassen. Sie trifft Hannes und wird von Valeries Schneeball getroffen. Kichernd schaut sie zu Lisa herüber, die ebenfalls wirft, ihr Schneeball fliegt an Kai vorbei und landet in der Wiese. Sie duckt sich noch ganz schnell und schafft es, nicht getroffen zu werden. Efi bückt sich nach einem neuen Schneeball und spürt einen Treffer an ihrem Rücken. Lachend zielt sie und versucht zurückzutreffen. Die Einhörner zielen und werfen und plötzlich ertönt ein lautes Klirren. Alle halten inne und schauen zur Bäckerei. Oh nein, ein Schneeball hat die Scheibe beschädigt!

Der Bäcker kommt heraus und schaut auf die kaputte Scheibe.

„Ihr habt meine Scheibe zerstört", ruft er und sieht einen nach dem anderen an. Die Kinder gehen zu ihm.
„Das tut uns leid, wir wollten nur spielen", seufzt Matteo und der Bäcker schüttelt den Kopf.
„Das muss wieder repariert werden. Ich werde eure Eltern anrufen müssen."

Sie warten, bis ihre Eltern eintreffen. Efis Vater kommt herüber und sieht sich den Schaden an.

„Wir wissen nicht, wie es passiert ist, Papa", erklärt Efi.
Ihr Vater nickt und deutet auf einen Schneeball, der davor auf dem Boden liegt. Er hebt ihn hoch und zeigt ihn den Kindern.
„Wenn man den Schnee ganz oft in den Händen presst, wird dieser warm. Das Wasser verflüssigt sich, durch das Werfen gefriert es direkt wieder und wird härter als normaler Schnee."

Sie schauen auf den harten Schneeball und nicken. Das wussten sie nicht. Matteos Vater ist auch da, er ist Schreiner und verspricht, das Fenster zu reparieren. Der Bäcker ist zufrieden und die Kinder atmen erleichtert auf. Doch dann dreht sich Hannes' Vater zu ihm herum.

„Und du, mein Sohn, wirst eine Woche lang in der Bäckerei aufräumen helfen."

Efi schüttelt den Kopf, das ist nicht richtig. Sie schaut die anderen an. Sie haben alle zusammen gespielt und nun soll Hannes ganz allein die Strafe für das Missgeschick bekommen?

„Wir haben alle gespielt, niemand weiß, von wem der Schneeball war", sagt sie und Hannes' Vater nickt.
„Was schlägst du vor, Efi?", möchte ihr Vater wissen, der jetzt neben ihr steht. Auch der Bäcker ist zu ihnen gekommen.
„Ich finde, dann sollten wir alle helfen", erklärt Efi und die anderen Kinder nicken. Hannes lächelt ihr dankbar zu.
„Das scheint mir gerecht zu sein", erklärt der Bäcker und auch die Eltern stimmen zu.

Am Abend, als die Bäckerei geschlossen hat, treffen sie sich alle wieder dort. Diesmal spielen sie nicht, sondern räumen auf. Jeder hat eine Aufgabe, gemeinsam geht es ganz schnell und zusammen macht es sogar Spaß.

Ich werde gehört und gesehen.

Kapitel 9

Ein Freund braucht Hilfe

Efi ist aufgeregt, denn heute wird der Weihnachtsmann ihr die letzte kleine Prüfung geben. Dafür hat Efi sich extra den Wecker gestellt und ist ganz früh aufgestanden. Draußen hat es wieder angefangen zu schneien, sodass alle Fußspuren verdeckt sind. Es sieht aus, als wäre noch niemand durch das Dorf gelaufen. Efi liebt diesen Anblick. Auf den Dächern ist ebenfalls alles weiß. Kleine Eiszapfen hängen von ihnen herab und glitzern vor sich hin.

Efi geht in die Küche, um das Frühstück vorzubereiten. Ihre Mutter hat ihr gezeigt, wie man Brote schmiert, und so macht sie eines für Mama mit ihrer Lieblingsmarmelade, eines für Papa mit seinem Käse und eines für sich selbst mit Erdnussbutter. Daneben legt Efi ein paar Nüsse und Trauben, so wie Mama es auch immer macht. Sie stellt die Teller auf den Tisch und schaltet die Kaffeemaschine ein, die bereitet Mama immer vor dem Schlafengehen vor, sodass Efi sie nur einschalten muss. Übermorgen ist Weihnachten und Efi freut sich schon so sehr darauf. Sie schaltet das Küchenradio ein und singt die Weihnachtslieder mit.

Ihre Eltern stehen auf und sind überrascht, weil das Frühstück schon fertig ist. Zusammen sitzen sie am Tisch und lauschen beim Essen der Musik.

„Efi, könntest du zu Elmar gehen und mir eine Packung Mehl kaufen?", bittet ihre Mutter sie und Efi nickt.
„Das ist lieb von dir", antwortet ihre Mutter und gibt ihr etwas Geld für den Einkauf.

Efi beeilt sich, sie möchte zurück sein, bevor der Weihnachtsmann kommt. Auf dem Weg zum Laden trifft sie ihre Oma.

„Hallo Oma", ruft Efi und winkt.
„Hallo Efi, wo gehst du hin? Ich bin auf dem Weg zu deinen Eltern."
„Ich hole noch Mehl, dann komme ich nach Hause", antwortet Efi und winkt ihr.

59

Oma kommt zu Besuch, das wird toll! Mit Oma kann man die besten Kartenspiele machen. Gut gelaunt betritt Efi das Geschäft und holt das Mehl aus dem Regal. An der Kasse trifft sie auf Elmar, den Ladenbesitzer.

„Hallo Efi, hast du alles gefunden?", fragt er.
„Ja, ich brauche nur das Mehl, aber was ist denn mit deiner Hand passiert?", fragt Efi erschrocken.
„Ich bin hingefallen und habe mir das Handgelenk gebrochen", erklärt Elmar und schaut traurig aus.
„Oh nein, das ist ja furchtbar, tut es sehr weh?"
„Nein, es tut nicht weh. Aber ich kann leider keine Plätzchen backen." Elmar schnieft in sein Taschentuch.
„Du hast noch keine Plätzchen?", fragt Efi erschrocken.

In zwei Tagen ist schon Weihnachten und normalerweise backt Elmar für das ganze Dorf Plätzchen und verteilt sie am Weihnachtsmorgen.

„Nein, dieses Jahr wird Weihnachten wohl ohne Plätzchen stattfinden müssen", sagt Elmar traurig.

Elmar kassiert das Mehl ab und Efi verabschiedet sich. Auf dem Rückweg denkt sie nach. Elmar darf nicht ohne Plätzchen sein. Das geht nicht. Sie hat eine Idee, aber das würde bedeuten, dass sie an ihrer letzten Prüfung nicht teilnehmen kann. Elmar ist ihr Freund, er schenkt ihr und den anderen immer Eis im Sommer und frische Waffeln im Winter. Er ist so traurig, dass er dieses Jahr keine Plätzchen machen kann, denn diese Tradition ist für ihn so wichtig. Auch wenn Efi traurig ist, weil sie ihre Prüfung verpasst, ist sie fest entschlossen, ihrem Freund zu helfen. Sobald sie zu Hause ist, ruft sie Lisa an und erzählt ihr davon. Die ruft Jannik an und dieser Paul und so kommt es, dass sich alle Kinder vor Elmars Haus treffen. Elmar schaut erstaunt, als er Feierabend macht und all die Kinder vor seinem Haus sieht.

„Nanu, was ist denn hier los?", fragt er.
Efi lächelt ihm zu.
„Wir helfen dir, Plätzchen zu backen", erklärt sie.
„Das ist aber besonders lieb von euch", antwortet Elmar und sieht nun nicht mehr so traurig aus.

Zusammen gehen sie in Elmars Küche und er zeigt ihnen, wo alles steht. Efi beginnt, das Mehl abzuwiegen, auf einem Rezept ihrer Oma stehen alle Zutaten. Lisa holt den Hafer und die Rosinen. Paul holt die Butter und Jannik hat die Eier in der Hand. Sie verkneten alles zu einem Teig und stechen ganz viele Plätzchen in unterschiedlichen Formen aus. So backen sie ganz viele Bleche Plätzchen für Elmar und verzieren sie mit bunten Streuseln.

Als Efi nach Hause kommt, ist sie froh, Elmar geholfen zu haben, aber auch traurig, die Chance, ein Rentier zu werden, verpasst zu haben. Zu ihrer Überraschung wartet der Weihnachtsmann in ihrem Zimmer.

„Es tut mir leid, ich wollte einem Freund helfen", ruft Efi und sieht ihn traurig an.
Der Weihnachtsmann nickt lächelnd.

„Das Wichtigste bei einem Rentier ist die Hilfsbereitschaft, du hast deinem Freund geholfen und dafür sogar auf deinen Traum verzichtet, kleine Efi, das war deine letzte Prüfung und ich freue mich, dich dabeizuhaben."

Ich helfe anderen.

Kapitel 10

Wünsche werden wahr

Efi ist so aufgeregt: Heute ist es so weit, sie wird ein richtiges Rentier! Sie hüpft vor dem Fenster auf und ab und wartet auf den Weihnachtsmann. Ein glitzernder Nebel erscheint und Efi rennt zur Tür. Der Weihnachtsmann steht davor und lächelt sie an.

„Hallo Efi, bereit für deinen großen Tag?", fragt der Weihnachtsmann.
„Und wie", ruft Efi.

Zusammen stellen sie sich in den Schnee, der Weihnachtsmann fasst sich an die Nase und kribbelt sie mit seinen Fingern. Er murmelt leise Worte und niest. Der Glitzerstaub erscheint und hüllt sie ein. Efi quietscht vor Begeisterung. Der Glitzerstaub wird weniger und Efi traut ihren Augen kaum – sie sind am Nordpol! Ein riesiges Holzhaus ist wunderschön mit Girlanden und ganz vielen Weihnachtskugeln geschmückt. Es ist beleuchtet und lässt den Schnee drumherum glänzen. Die Tür öffnet sich und ein Wichtel kommt heraus.

„Du musst Efi sein", ruft er und winkt.
„Hallo", sagt Efi und ist sprachlos, weil sie nun wirklich hier ist.
„Kommt herein, ich habe Plätzchen gebacken und der Tee ist fertig."

Efi kann nicht glauben, dass sie Tee mit dem Weihnachtsmann und einem seiner Wichtel trinkt. Sie gehen rein und Efi sieht die anderen Rentiere. Als Erstes fällt ihr Rudolph mit seiner leuchtenden Nase auf. Dann winkt sie den anderen, die fröhlich zurückwinken. Efi schaut zum Weihnachtsmann herüber.

„Wann werde ich ein Rentier?", fragt sie, denn sie ist immer noch ein Einhorn.
Der Weihnachtsmann schmunzelt.
„Bist du das nicht schon?", fragt er.
Efi schüttelt den Kopf. „Ich bin immer noch ein Einhorn", antwortet sie leise.
Der Wichtel beugt sich zu ihr herüber.
„Du bist ein wundervolles Rentier und einzigartig, denn es kommt als Rentier nicht auf das Äußere an. Wichtig sind die inneren Werte", erklärt er.

Efi denkt darüber nach. Sie hat als Einhorn alle Aufgaben gelöst, sie muss nicht wie ein Rentier aussehen, um dazuzugehören.

„Ich bin das erste Einhorn-Rentier", ruft sie begeistert.
„Du bist einzigartig und wundervoll, und zwar genau so, wie du bist", stimmt der Weihnachtsmann ihr zu.

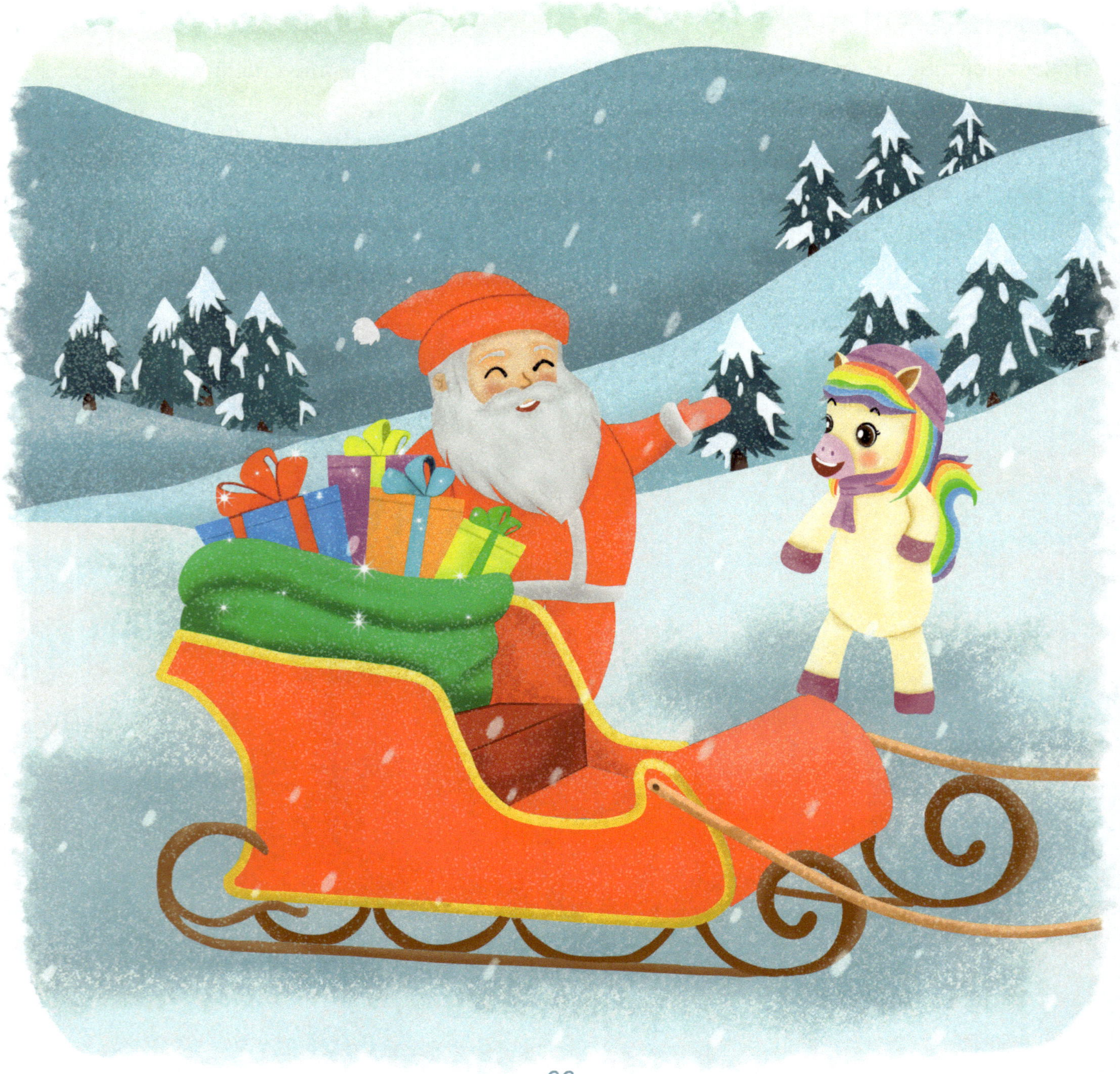

Nachdem sie alle zusammen Plätzchen gegessen haben, führt der Weihnachtsmann sie heraus. Efi bestaunt den großen Schlitten mit dem riesigen Beutel, aus dem Geschenke hervorschauen. Vorn auf dem Schlitten, wo der Weihnachtsmann sitzt, liegt ein großes Buch.

„Was ist das für ein Buch?", fragt Efi.
„Das ist die Liste für Weihnachten, dort stehen die Namen der Kinder und alles, was der Weihnachtsmann wissen muss", erklärt Dancer.
„Brauchen wir noch Zauberstaub?", fragt Efi weiter und schaut auf die Geschirre auf dem Boden, sie sind für die Rentiere, damit sie den Schlitten ziehen können.
„Nein, wir haben doch die Zauber der Weihnacht in unseren Herzen", erklärt Blitzen.

Efi fühlt sich zwischen den vielen Rentieren wie ein wahrer Star. Sie kann ihr Glück kaum fassen.

„Alle aufstellen", ruft der Weihnachtsmann und die Rentiere laufen los.
Efi steht daneben und schaut zu, wie sie ihren Platz einnehmen. Sie weiß nicht genau, wo sie hinsoll.
„Efi", ruft Rudolph und deutet auf den Platz neben sich. Ihre Augen werden riesig, sie darf ganz vorn das Kader anführen!

Schnell eilt sie zu ihm und das Geschirr schmiegt sich wie durch Zauberhand um ihren Körper. Das ist das tollste Weihnachten aller Zeiten und sie musste dafür nicht einmal jemand anderes werden, denn sie ist genau so richtig, wie sie ist.

„Ho, ho, ho", ruft der Weihnachtsmann, sobald er im Schlitten sitzt, und Rudolph zwinkert ihr zu.
„Bereit?", fragt er und Efi nickt begeistert.

Sie rennen los und rasen auf den Rand des Waldes zu. Efi bekommt kurz Angst, doch genau in dem Moment springt Rudolph in die Luft und sie tut es ihm gleich. Sie fliegen mit dem Schlitten durch die Nacht. Seine Nase beginnt zu leuchten und aus Efis Horn strömt magischer Einhornglitzer, der die ganze Welt in einen wundervollen Glanz legt.

Ich bin gut, so wie ich bin.

BONUS:
Einhorn-Malbuch zum Ausdrucken

Hier ist der Link zu deinen eigenen Einhorn-Malbuch:

https://bit.ly/3f7ussc

Viel Spaß und Freude beim Ausmalen!

Solle der Link nicht funktionieren, schreibe uns eine E-Mail an: info@gars-verlag.de und wir schicken dir das Einhorn-Malbuch per E-Mail zu.

Eine kleine Bitte...

Wir würden uns sehr freuen, wenn Sie uns mit einer Rezension auf Amazon unterstützen.

Entdecke weitere stärkende und wundervolle Kinderbücher vom GARS Verlag:

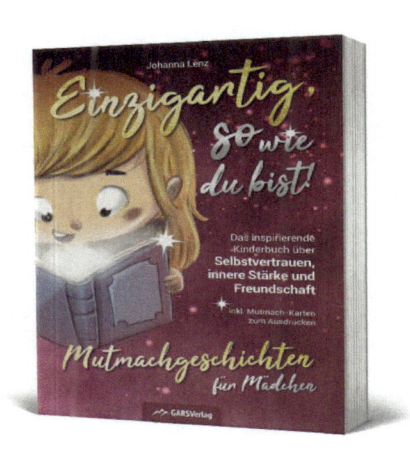

Einzigartig, so wie du bist!

Mutmachgeschichten für Mädchen

Das inspirierende Kinderbuch über Selbstvertrauen, innere Stärke und Freundschaft
Inkl. Mutmach-Karten zum Ausdrucken

ISBN: 978-3-9823631-4-1

Einzigartig, so wie du bist!

Mutmachgeschichten für Jungs

Das inspirierende Kinderbuch über Selbstvertrauen, wahre Stärke und Freundschaft
Inkl. Mutmach-Karten zum Ausdrucken

ISBN: 978-3-9823631-2-7

Mein Brief an den Weihnachtsmann

....

....

....

....

....

....

....

Printed in Poland
by Amazon Fulfillment
Poland Sp. z o.o., Wrocław